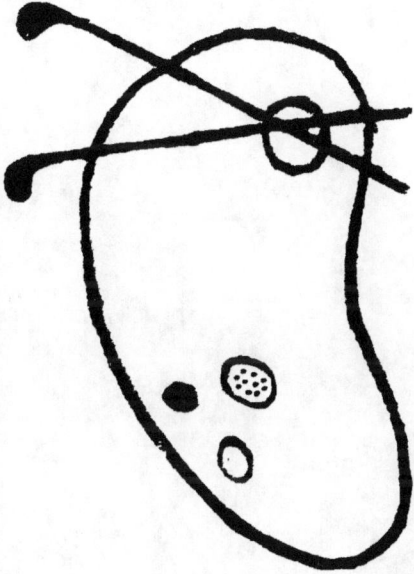

Début d'une série de documents
en couleur

COUVERTURES SUPERIEURE ET INFERIEURE D'IMPRIMEUR

Fin d'une série de documents
en couleur

LE

BERQUIN DES PETITS ENFANTS

8ᵉ SÉRIE GRAND IN-32

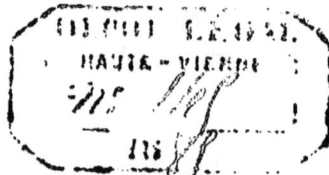

LE
BERQUIN

DES

PETITS ENFANTS.

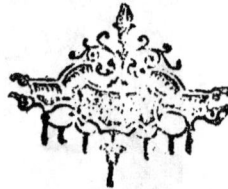

LIMOGES

EUGÈNE ARDANT ET Cⁱᵉ, ÉDITEURS

—

LE BERQUIN

DES

PETITS ENFANTS.

—

AMAND.

Un pauvre manœuvre, nommé
Bertrand, avait six enfants en bas
âge, et il se trouvait fort embarrassé
pour les nourrir. Pour surcroît de
malheur, l'année fut stérile, et le
pain se vendait une fois plus cher
que l'an passé. Bertrand travaillait
jour et nuit : malgré ses sueurs, il
lui était impossible de gagner assez

d'argent pour rassasier du plus mauvais pain ses enfants affamés. Il
était dans une extrême désolation. Il
appelle un jour sa petite famille, et,
les yeux pleins de larmes, il lui dit :

— Mes chers enfants, le pain est
devenu si cher qu'avec tout mon
travail je ne peux gagner assez pour
vous nourrir. Vous le voyez : il faut
que je paie le morceau de pain que
voici du produit de toute ma jour-
née. Il faut donc vous contenter de
partager avec moi le peu que je m'en
serai procuré; il n'y en aura certai-
nement pas assez pour vous rassasier; mais du moins il y aura de
quoi vous empêcher de mourir de
faim.

Le pauvre homme ne put en dire davantage; il leva les yeux vers le ciel, et se mit à pleurer. Ses enfants pleuraient aussi, et chacun disait en lui-même : Mon Dieu, venez à notre secours, pauvres petits malheureux que nous sommes! Assistez notre père, et ne nous laissez pas mourir de faim.

Bertrand partagea son pain en sept portions égales : il en garda une pour lui, et distribua les autres à chacun de ses enfants. Mais un d'entre eux, qui s'appelait Amand, refusa de recevoir la sienne, et dit :

— Je ne peux rien prendre, mon père; je me sens malade, mangez ma

portion ou partagez-la entre les autres.

— Mon pauvre enfant, qu'as-tu
donc? lui dit Bertrand en le prenant
dans ses bras.

—Je suis malade, répondit Amand,
très malade : je veux aller me cou-
cher.

Bertrand le porta dans son lit; et,
le lendemain au matin, accablé de
tristesse, il alla chez un médecin, et
le pria de venir, par charité, voir son
fils, et de le secourir.

Le médecin, qui était un homme
pieux, se rendit chez Bertrand, quoiqu'il fût bien sûr de n'être pas payé
de ses visites. Il s'approche du lit
d'Amand, lui tâte le pouls; mais il

ne peut y trouver aucun symptôme de maladie; il lui trouva cependant une grande faiblesse, et pour le ranimer il voulut lui prescrire une potion. Ne m'ordonnez rien, Monsieur, lui dit Amand; je ne prendrais pas ce que vous m'ordonneriez.

—Tu ne le prendrais pas! et pourquoi donc, s'il te plaît?

— Ne me le demandez pas, Monsieur, je ne peux pas vous le dire.

— Et qui t'en empêche, mon enfant? Tu me parais un petit garçon bien obstiné.

— Monsieur le médecin, ce n'est pas obstination, je vous assure.

— A la bonne heure; je ne veux pas te contraindre; mais je vais le demander à ton père, qui ne sera peut-être pas si mystérieux.

— Ah! je vous en prie, Monsieur, que mon père n'en sache rien.

— Tu es un enfant incompréhensible! Mais il faut absolument que j'en instruise ton père, puisque tu ne veux pas me l'avouer.

— Mon Dieu, Monsieur, gardez-vous-en bien : je vais vous le dire; mais auparavant, faites sortir, je vous prie, mes frères et mes sœurs.

Le médecin ordonna aux enfants de se retirer; et alors Amand lui dit :

—Hélas! Monsieur, dans un temps si dur, mon père ne gagne qu'avec bien de la peine de quoi acheter un

mauvais pain; il le partage entre
nous; chacun n'en peut avoir qu'un
petit morceau, et il n'en veut pres-
que rien garder pour lui-même. Cela
me fait de la peine de voir mes petits
frères et mes petites sœurs endurer
la faim. Je suis l'aîné; j'ai plus de
force qu'eux; j'aime mieux ne pas
manger pour qu'ils puissent partager
ma portion. C'est pour cela que j'ai
fait semblant d'être malade et de ne
pouvoir pas manger; mais que mon
père n'en sache rien, je vous prie.

Le médecin essuya ses yeux, et
lui dit :

—Mais toi, n'as-tu pas faim, mon
cher ami?

— Pardonnez-moi, j'ai bien faim;

mais cela ne me fait pas tant de mal
que de les voir souffrir.

— Mais tu mourras bientôt, si tu
ne te nourris pas.

— Je le sens bien, Monsieur; mais
je mourrai de bon cœur : mon père
aura une bouche de moins à remplir,
et lorsque je serai auprès du bon
Dieu, je le prierai de donner à manger à mes petits frères et à mes petites sœurs.

L'honnête médecin était hors de
lui-même d'attendrissement et d'admiration, en entendant ainsi parler
ce généreux enfant. Il le prit dans
ses bras, le serra contre son cœur,
et lui dit :

— Non, mon cher ami, tu ne mourras pas. Dieu, notre père à tous, aura soin de toi et de ta famille : rends-lui grâce de ce qu'il m'a conduit ici; je reviendrai bientôt.

Il courut à sa maison, chargea un de ses domestiques de toutes sortes de provisions, et revint aussitôt avec lui vers Amand et ses frères affamés. Il les fit tous mettre à table, et leur donna à manger jusqu'à ce qu'ils fussent rassasiés. C'était un spectacle ravissant pour le bon médecin de voir la joie de ces innocentes créatures. En sortant, il dit à Amand de ne pas se mettre en peine, et qu'il pourvoirait à leurs nécessités. Il observa fidèlement sa promesse; il leur faisait passer tous

les jours abondamment de quoi se
nourrir. D'autres personnes charita-
bles, à qui il raconta cette aventure,
imitèrent sa bienfaisance. Les uns
envoyaient des provisions, les autres de l'argent, ceux-là des habits
et du linge; en sorte que, peu de
jours après, la petite famille eut au-
delà de tous ses besoins.

Aussitôt que le prince fut instruit
de ce que le brave petit Amand avait
fait pour son père et pour ses frères,
plein d'admiration pour tant de géné-
rosité, il envoya chercher Bertrand,
et lui dit :

— Vous avez un enfant admirable,
je veux être aussi son père; j'ai or-
donné qu'on vous donnât en mon

nom une pension de cent écus.
Amand et tous vos autres enfants
seront élevés à mes frais dans le
métier qu'ils voudront choisir, et,
s'ils savent en profiter, j'aurai soin
de leur fortune.

Bertrand s'en retourna chez lui
enivré de joie, et s'étant jeté à genoux, il remercia Dieu de lui avoir
donné un si digne enfant.

LE MENTEUR CORRIGÉ PAR LUI-MÊME.

Le petit Gaspard était parvenu à
l'âge de six ans sans qu'il lui fût jamais échappé un mensonge. Il ne

faisait rien de mal, ainsi il n'avait
aucune raison de cacher la vérité.
Lorsqu'il lui arrivait quelque malheur, comme de casser une vitre,
ou de faire une tache à son habit, il
allait tout de suite l'avouer à son
papa. Celui-ci avait la bonté de lui
pardonner, et il se contentait de l'a-
vertir d'être dorénavant plus attentif.

Un jour, son petit voisin Robert
vint le trouver. Celui-ci était un fort
méchant garçon. Gaspard, qui voulait amuser son ami, lui proposa de
jouer au domino. Robert le voulut
bien, mais à condition que chaque
partie serait d'une pièce de deux
sous. Gaspard refusa d'abord, parce

que son père lui avait défendu de jouer de l'argent. Enfin il se laissa séduire par les prières de Robert, et il perdit en un quart d'heure tout l'argent qu'il avait économisé depuis quelques semaines sur ses plaisirs. Gaspard fut désolé de cette perte, il se retira dans un coin, et se mit à pleurer. Robert se moqua de lui, et s'en retourna triomphant avec son butin. Le père de Gaspard ne tarda pas à revenir. Comme il aimait beaucoup son fils, il le fit appeler pour l'embrasser.

— Que t'est-il donc arrivé dans mon absence? lui dit-il en le voyant accablé de tristesse.

—C'est le petit Robert, mon voisin,

2

qui est venu me forcer de jouer avec lui au domino.

—Il n'y a pas de mal à cela, mon enfant; c'est un amusement que je l'ai permis. Mais est-ce que vous avez joué de l'argent?

—Non, mon papa.

— Pourquoi donc as-tu les yeux rouges?

— C'est que je voulais faire voir à Robert l'argent que j'avais épargné pour m'acheter un livre. Je l'avais mis, par précaution, derrière la grosse pierre qui est à notre porte. Quand j'ai voulu le chercher, je ne l'ai pas trouvé. Quelque passant me l'aura pris.

Son père soupçonna dans ce récit

un peu de mensonge; mais il cacha son mécontentement, et il alla aussitôt chez son voisin. Lorsqu'il aperçut le petit Robert, il affecta de sourire, et lui dit :

— Eh bien! mon enfant, tu as donc été heureux aujourd'hui au domino?

— Oui, Monsieur, lui répondit Robert, j'ai joué fort heureusement.

— Et combien as-tu gagné à mon fils?

— Vingt-quatre sous.

— Et t'a-t-il payé?

— Eh mais! sans doute. Oh! oui, je ne lui demande plus rien.

Quoique Gaspard eût mérité d'être puni sévèrement, son père voulut

bien lui pardonner pour cette première fois. Il se contenta de lui dire
d'un air de mépris :

— Je sais maintenant que j'ai un
menteur dans ma maison, et je vais
avertir tout le monde de se méfier
de ses paroles.

Quelques jours après Gaspard alla
voir Robert, et lui fit voir un très
beau porte-crayon dont son oncle lui
avait fait présent. Robert en eut envie, et chercha tous les moyens de
l'avoir. Il proposa en échange ses
balles, sa toupie et ses raquettes;
mais comme il vit que Gaspard ne
voulait s'en défaire à aucun prix, il
enfonça son chapeau sur ses yeux,
et dit effrontément :

— Le porte-crayon m'appartient. C'est chez toi que je l'ai perdu, et peut-être même me l'as-tu dérobé.

Gaspard eut beau protester que c'était un cadeau de son oncle, Robert se mit en devoir de le lui arracher; et comme Gaspard le tenait fortement dans ses mains, il lui sauta aux cheveux, le terrassa, lui mit les genoux sur la poitrine, et lui donna des coups de poing dans le visage, jusqu'à ce que Gaspard lui eût remis le porte-crayon.

Gaspard rentra chez lui le nez tout sanglant et les cheveux à moitié arrachés.

— Ah! mon papa, s'écria-t-il d'aussi loin qu'il l'aperçut, venez

me venger. Le méchant petit Robert
m'a pris mon porte-crayon, et m'a
accommodé comme vous voyez.

Mais, au lieu de le plaindre, son
père lui dit :

— Va, menteur, tu l'as joué sans
doute au domino. C'est toi qui t'es
barbouillé le nez de jus de mûres, et
qui as mis ta chevelure en désordre
pour m'en imposer.

En vain Gaspard affirma la vérite
de son récit.

— Je ne crois plus, lui dit son
père, celui qui m'a trompé une
fois.

Gaspard confondu se retira dans
sa chambre, et déplora amèrement

son premier mensonge. Le lendemain il alla trouver son père et lui
demanda pardon.

— Je reconnais, lui dit-il, combien j'ai eu tort d'avoir cherché une
fois à vous en faire accroire. Cela
ne m'arrivera plus de ma vie; mais
ne me faites pas davantage l'affront
de vous défier de mes paroles.

Son père m'assurait l'autre jour
que depuis ce moment il n'était pas
échappé à son fils le mensonge le
plus léger, et que, de son côté, il
l'en récompensait par la confiance
la plus aveugle. Il n'exigeait plus de
lui ni assurance ni protestation.
C'était assez que Gaspard lui eût dit
une chose, pour qu'il s'en tînt aussi

sûr que s'il l'avait vue de ses propres yeux.

Quelle douce satisfaction pour un
père honnête, et pour un fils digne
de son amitié!

———

LE TRICTRAC.

Grande fut la joie de Sophie et
d'Adrien quand M. de Ponthis leur
donna un petit trictrac de bois d'aca-
jou. avec des dames d'ébène et
d'ivoire, trois jetons de nacre, deux
cornets de maroquin, et quelques
paires de jolis dés anglais.

Les enfants ne connaissaient pas
encore ce jeu; ils prièrent leur papa

le leur en donner les premières leçons. M. de Ponthis, qui se mêlait
volontiers à tous leurs plaisirs, s'en
fit un de les satisfaire. Il jouait al-
ternativement avec l'un et avec l'autre, et celui qui ne jouait pas regar-
lait la partie pour s'instruire.

Je me garderai bien de vous dire
comment ils comptaient d'abord du
bout du doigt le nombre des points
imprimés sur les dés; je ne mar-
querai pas non plus les écoles qu'ils
firent dans le commencement; j'aime
mieux vous apprendre qu'au bout
d'un mois ils savaient joliment la
marche du jeu. Bientôt ils furent en
état de jouer seuls ensemble. Sophie
était de la première force de son âge

pour le *petit-jan*; Adrien, plus am-
bitieux, tournait toutes ses préten-
tions vers le *jan de retour*. Peu à peu
ils en vinrent au point de n'avoir
plus recours à leur papa que dans
les grandes difficultés.

Il était un jour témoin de leur partie. Adrien, après quelques mauvais
coups, avait perdu la tête, et sem-
blait jouer à reculons. Sophie, qui se
possédait à merveille, menait la
bredouille grand train.

Adrien, en faisant rouler les dés
dans son cornet avant de les pousser, ne manquait jamais de nommer
les points qu'il lui aurait fallu pour
battre ou pour remplir. Cinq et qua-
tre! six et trois! Point du tout,

c'était deux et as, terne ou double deux qui venaient. Il frappait du pied contre terre, franchissait les dames, jetait le cornet après les dés, et s'écriait :

— Voyez si l'on peut être plus malheureux! c'est bien jouer de guignon!

Sophie, au contraire, sans appeler ses dés, cherchait à s'en procurer un grand nombre de favorables. Se voyait-elle trompée dans son attente, au lieu de se troubler elle-même par des lamentations inutiles, elle réfléchissait sur le moyen de parer cet accident. Il lui arrivait quelquefois d'en tirer de nouvelles ressources, et l'on était tout surpris de lui voir rétablir, en un clin d'œil, le jeu le plus désespéré.

Lorsque la victoire se fut déclarée pour elle avec tous les honneurs du triomphe, elle sortit, par modestie, pour se dérober à sa gloire. Adrien, honteux de sa défaite, n'osait lever les yeux vers son papa. M. de Ponthis lui dit froidement : Adrien, tu as bien mérité de perdre cette partie.

— Il est vrai, mon papa, celle-là et toutes les autres, pour jouer contre quelqu'un qui a tant de bonheur.

— Il semblerait, à t'entendre, que c'est le hasard qui décide absolument de tout, à ce jeu.

— Non, mon papa; mais on n'a-

mène que des points faits exprès,
comme Sophie.

— Il était difficile qu'elle en eût
de contraires, de la manière dont elle
avait su disposer ses dames. Tu n'as
fait attention qu'à ses dés, au lieu de
remarquer la marche de son jeu.
Que dirais-tu d'un jardinier qui, gou-
vernant ses arbres au hasard et sans
accommoder ses travaux aux va-
riétés des saisons, se plaindrait de
ce que ses fruits ne réussissent pas
comme ceux de son voisin, attentif
à profiter de toutes ces circonstances
pour l'avantage de sa culture?

— Oh! mon papa, c'est bien diffé-
rent.

— Et en quoi? Voyons.

— Je ne veux pas vous le dire,
mais je le sens bien.

— Je suis honteux pour toi de te
voir employer ces ressources des
petits esprits pour défendre leur opi-
niâtreté dans une mauvaise cause.
As-tu réellement vu dans la comparaison que je viens d'employer quelque chose qui l'empêche de se rapporter au sujet dont il était ques-
tion? Je veux que tu me le dises.

— Eh bien! non, mon papa; je n'y
avais seulement pas réfléchi. C'était
pour n'avoir pas l'air d'être confondu.

— Tu vois ce que l'on gagne à ces
lâches détours. On n'avait que le
tort d'un défaut de justesse dans le

cœur : en employant ce faible subter-
fuge auprès de quelqu'un de raisonnable, crois-tu qu'il en soit la dupe?
Jamais il n'y voit que de la petitesse
auprès de la raison. On aurait pu
d'abord attendre au moins de lui de
la pitié; il ne ressent plus que du
mépris, sans compter celui qu'on doit
s'inspirer à soi-même.

— Mon père, c'est bien dur ce que
vous me dites là !

— Tu sais que je suis sans ména-
gement pour tout ce qui peut tenir
du plus loin à l'injustice ou à la bas-
sesse. On ne reçoit ces leçons que
d'un père; et je les donne avec
amitié, pour qu'un autre n'ait pas
occasion de te les donner avec

aigreur. L'aveu que tu m'as fait à la
première instance, et d'un mouve-
ment franc de ton âme, me persuade
que tu n'auras jamais besoin d'un
autre avis. Viens m'embrasser
Adrien.

— De tout mon cœur, mon papa!
je sens que vous me sauvez bien des
affronts.

— Je n'ai vu que ce moyen de les
prévenir. Mais revenons encore à la
comparaison dont j'avais fait usage.
Nous pourrons, j'espère, en tirer une
instruction plus étendue.

— Voyons, voyons, mon papa! je
ne vous ferai pas de mauvaise chi-
cane; mais si je la vois tant soit peu
clocher, vous me permettrez bien...

— Je ne demande pas mieux, mon ami; je serai charmé de te voir des idées plus justes : crois qu'un noble amour-propre peut encore trouver quelque satisfaction dans l'aveu même d'une erreur. Il ne se fait point un grand amour pour la vérité, sans un vif sentiment de justice, et la raison qui sait se relever d'une chute est tout près d'en venir à ne plus broncher.

— Je vois qu'il me faut encore longtemps tenir la bride serrée à la mienne.

— Fort bien; mais lâche un peu les rênes à ton imagination pour me suivre : je te disais qu'un joueur de trictrac doit faire pour son jeu comme

3

un jardinier habile pour son jardin.
Si l'un ne songe d'abord qu'à donner
une belle tige à son arbre, et à bien
développer ses branches pour y recueillir plus de fruits, l'autre ne
s'occupe au commencement qu'à
fournir ses cases, et à placer ses
dames dans un ordre avantageux,
pour faire aisément son plein, le
ménager lorsqu'il est fait, et en tirer
le plus grand nombre de points
qu'il puisse rapporter. L'événement
des dés ne dépend pas plus de l'un
que les variations du temps ne dé-
pendent de l'autre; mais ce qui dépend également de tous les deux,
c'est de se tenir en garde contre les
incertitudes du temps, de n'y expo-

ser qu'avec précaution l'objet de
leurs travaux. Le cours d'une partie
est mêlé de hasards favorables ou
contraires, comme celui d'une saison
d'influences malignes ou bienfaisan-
tes. Les chances heureuses ressem-
blent à ces chaleurs douces qui pré-
parent la fertilité, et les revers subits
de fortune à ces tempêtes soudaines
qui menacent la végétation. L'habi-
leté suprême est de prévoir ces
vicissitudes; de découvrir à propos,
l'un son jeu, l'autre son espalier,
lorsqu'il n'y a point de danger à
craindre, pour hâter leur croissance,
et de les garantir ensuite avec soin
lorsque la partie ou le temps devien-
nent orageux.

— Fort bien, mon papa! jusqu'ici tout cadre à merveille : mais dans une partie de trictrac un bon joueur ne profite pas seulement de ses propres avantages, il profite encore des fautes et des écoles de son adversaire ; au lieu que le jardinier joue tout seul dans votre comparaison.

— Il est vrai; mais une comparaison ne peut jamais embrasser tous les rapports. La mienne se borne à tous ceux que je viens d'indiquer.

— Croyez-vous? Eh bien! je vais la pousser plus loin, moi : je regarde tous les jardiniers d'un village comme jouant entre eux à qui portera le plus de fruits au marché : celui qui sait le mieux conduire son jeu en

aura de plus précoces, de plus beaux
et en plus grand nombre; il les ven-
dra mieux si les autres, par igno-
rance ou par des écoles, en ont
moins à vendre; et c'est lui qui
gagnera la partie.

— Comment donc! voilà qui est
fort juste, mon fils. Tu vois quels
avantages on peut retirer d'un en-
tretien si raisonnable, où l'on ne
cherche pas à se tendre des piéges
l'un à l'autre par une méprisable
vanité, mais à s'instruire mutuelle-
ment et à s'éclairer par un échange
de lumières. Je n'avais aperçu qu'une
des faces de l'objet que je te présen-
tais; en y attirant tes regards, je
t'ai donné l'occasion d'en apercevoir

une qui m'avait échappé, et qu'n
pourrait m'en faire découvrir d'autres à mon tour. Les sciences ne
sont ainsi formées que par l'assem-
blage graduel de toutes les diverses
idées que la méditation a fait naître
dans l'esprit de ceux qui les culti-
vent. Je les compare à des lampes
qui brûleraient devant des réver-
bères à mille facettes inégales, mais
dont chacune réfléchirait vers un
foyer commun les rayons qu'elle reçoit. C'est le faisceau de tous ces
traits, plus ou moins vifs, mais tous
fortifiés l'un par l'autre, qui fait le
grand éclat de lumière qu'on voit
briller au point de leur réunion : je
serai ravi que tu t'accoutumes de

bonne heure à considérer les objets
que tu veux connaître par les rapports avec d'autres qui te sont fami-
liers; à les bien confronter ensemble, et à saisir nettement dans cette
comparaison tout ce qui les rappro-
che ou les éloigne. Cette méthode
est la plus naturelle, la plus féconde
et la plus sûre : c'est elle qui, appli-
quée à l'exercice de l'imagination, a
formé les Homère, les Milton, les
Arioste et les Voltaire; à l'étude pro-
fonde du cœur humain, les Shakes-
peare, les Molière, les Racine et les
La Fontaine; à l'observation infinie
de la nature, les Aristote, les Bonnet
et les Buffon; à la méditation des
lois. du développement des sociétés

et des empires, les Montesquieu, les
Rousseau, les Ferguson et les Mably;
enfin, à la pénétration des mystères
de l'ordre sublime de l'univers, les
Copernic, les Newton, les Kepler, les
Halley, les Bernouilli, les Euler, les
d'Alembert et les Franklin : tous les
premiers hommes dans les divers
genres des hautes connaissances,
dont je me plais à te citer déjà les
noms et la gloire, pour t'inspirer la
noble ardeur de t'instruire un jour
dans leurs ouvrages immortels.

LES TROIS GATEAUX.

Il y avait un enfant qui s'appelait
Henri. C'était un fort joli petit garçon, et il aimait plus encore ses
livres que ses joujoux. Il fut un jour
le premier de sa classe. Sa maman
en fut toute joyeuse. Elle y rêva
toute la nuit de plaisir, et le lendemain elle envoya un petit pâtissier
lui porter un énorme gâteau d'aman-
des, de pistaches et de citrons con-
fits. Lorsque le petit Henri l'aperçut,
il sauta autour de lui en frappant
dans ses mains. Il n'eut pas la pa-
tience d'attendre qu'on lui donnât
un couteau pour le couper; il se mit

à le ronger à belles dents, comme
un petit chien. Il mangea jusqu'à ce
que la cloche sonnât l'heure de
l'étude; et lorsque l'étude fut finie,
il se remit à manger. Il en mangea
encore jusqu'à l'heure de se mettre
au lit. Un de ses camarades m'a
même assuré que Henri, en se cou-
chant, mit le gâteau sous son che-
vet, et qu'il se réveilla plusieurs fois
la nuit pour le grignoter. Mais il est
très sûr, au moins, que le lendemain
au point du jour il recommença de
plus belle, et qu'il continua ce train
toute la matinée, jusqu'à ce qu'il ne
restât plus une seule miette de ce
grand gâteau. L'heure du dîner ar-
riva; Henri n'avait plus d'appétit, et

Il voyait avec jalousie le plaisir que
prenaient les autres enfants à faire
ce repas. Ce fut bien pis encore à
l'heure de la récréation. On venait
lui proposer des parties de boule, de
paume, de volant : il n'avait pas
envie de jouer, et ses compagnons
jouèrent sans lui, quoiqu'il en crevât
de dépit. Il ne pouvait plus se sou-
tenir sur ses jambes; il s'assit dans
un coin d'un air boudeur, triste,
pâle, abattu. Le principal, très in-
quiet, eut beau le questionner sur la
cause de son mal, Henri ne voulut
point l'avouer. Heureusement on dé-
couvrit que sa maman lui avait en-
voyé un grand gâteau, qu'il s'était
dépêché de le manger, et que tout le

mal venait de sa gourmandise. On
envoya aussitôt chercher le médecin,
qui lui fit avaler je ne sais combien
de drogues plus amères les unes que
les autres. Le pauvre Henri les trouvait bien mauvaises; mais il fut
obligé de les prendre, de peur de
mourir, ce qui lui serait infaillible-
ment arrivé. Au bout de quelques
jours de remèdes et d'un régime très
rigoureux, sa santé se rétablit enfin;
mais sa maman protesta qu'elle ne
lui enverrait plus de gâteaux.

Il y avait aussi dans la pension de
Henri un autre enfant qui s'appelait
François. François avait écrit à sa
maman une lettre fort jolie, où il n'y
avait pas une seule rature. Sa ma-

man, en récompense, lui envoya aussi, le dimanche suivant, un gâteau; François dit en lui-même : Je ne veux pas me rendre malade comme ce goulu de Henri. Je ferai durer mon plaisir plus longtemps. Il prit le gâteau, qu'il eut beaucoup de peine à porter, et il alla l'enfermer dans son armoire. Tous les jours, pendant les heures de récréation, il s'esquivait adroitement d'entre ses camarades, montait sur la pointe du pied dans sa chambre, coupait un morceau de son gâteau, et renfermait le reste à double tour. Il continua de même jusqu'au bout de la semaine, et le gâteau n'en était encore qu'à moitié, tant il était grand!

Mais qu'arriva-t-il? A la fin le gâteau
se dessécha et se moisit; les fourmis
trouvèrent aussi le moyen de s'y
glisser pour en avoir leur part; en
sorte que bientôt il ne valut plus rien
du tout, et François fut obligé de le
jeter en pleurant de regret; mais
personne n'en fut fâché pour lui.

Il y avait encore dans la même
pension un enfant dont le nom était
Gratien. Lui reçut aussi un gâteau
de sa maman. Aussitôt que la pâtis-
serie fut arrivée, Gratien dit à ses
camarades :

— Venez voir ce que m'envoie
maman, il faut tous en manger.

Ils ne se le firent pas répéter deux
fois; ils coururent autour du gâteau

comme tu vois les abeilles voltiger
autour de la fleur qui vient d'éclore.
Gratien coupa une partie du gâteau
en autant de portions qu'il y avait de
ses petits amis. Ensuite il prit le
reste, et dit :

— Voici ma portion à moi, je la
mangerai demain.

Il alla jouer, et tous les autres
s'empressèrent de jouer avec lui à
tous les jeux qu'il voulait choisir.

Un quart d'heure après, il vint
dans la cour un vieux pauvre avec
son violon. Il avait une longue barbe
toute blanche; et comme il était
aveugle, il se faisait conduire par
un petit chien qu'il tenait au bout
d'une longue corde. Lorsque le vieil

aveugle se fut assis sur une pierre et qu'il eut entendu les enfants autour de lui, il leur dit :

— Mes petits messieurs, si vous voulez, je vais vous jouer les plus jolis airs que je sais.

Les enfants ne demandaient pas mieux. Le vieillard accorda son violon, et il leur joua des airs de sarabandes et de toutes les chansons nouvelles de l'ancien temps. Gratien s'aperçut que, tandis qu'il jouait les airs les plus gais, une grosse larme tombait le long de ses joues, et lui dit :

— Bon vieillard, pourquoi pleures-tu ?

Le vieillard lui répondit :

— Parce que j'ai bien faim. Je n'a,
personne dans le monde qui nou:
donne à manger, à mon chien ni à
moi. Si je pouvais travailler pour
nous faire vivre tous deux! mais j'ai
perdu mes yeux et mes forces. Hélas!
j'ai travaillé jusqu'à ma vieillesse, et
aujourd'hui je n'ai pas de pain.

Gratien pleurait comme le vieil-
.ard. Il s'en alla sans rien dire, et
courut chercher le reste du gâteau
qu'il avait gardé pour lui; puis il revint tout joyeux, et mit le gâteau
dans les mains du vieillard. Le pauvre aveugle posa son violon à terre,
essuya ses yeux, et se mit à manger.
A chaque morceau qu'il portait à sa
bouche, il en réservait pour le petit

4

chien fidèle qui venait dîner dans sa main. Et Gratien, heureux, debout à son côté, souriait de plaisir.

———

LES BOTTES CROTTÉES.

Le jeune Constantin, fier de sa haute naissance, ne se contentait pas de mépriser, dans son opinion, toutes les personnes d'une condition inférieure; il se donnait quelquefois les airs de leur témoigner ouvertement ses mépris. Il voyait l'autre jour un domestique occupé à nettoyer les souliers de son père.

— Fi! lui dit-il en passant, le

vilain métier! Je ne voudrais pour
rien au monde être décrotteur.

— Vous avez raison, Monsieur, lui
répondit Picard ; aussi j'espère bien
n'être jamais le vôtre.

Le temps avait été fort mauvais
pendant toute la semaine ; mais vers
midi le ciel s'éclaircit, et Constantin
obtint de son papa la permission
d'aller se promener à cheval; ce qui
lui fit d'autant plus de plaisir que sa
cavalcade avait été interrompue la
veille par une pluie affreuse, en sorte
que ses bottes n'avaient pas encore
eu le temps de sécher.

Transporté de joie, il descendit
précipitamment à la cuisine, en criant
d'un ton impérieux :

— Picard, je vais monter à cheval;
cours nettoyer mes bottes. Eh bien!
m'obéis-tu?

Picard ne fit pas semblant de l'entendre, et continua tranquillement
son déjeuner. Constantin eut beau
s'emporter contre lui, et l'accabler
des injures les plus grossières,
Picard se contenta de lui répondre
d'un grand sang-froid :

— Je vous ai déjà dit, Monsieur,
que j'espérais n'être jamais votre
décrotteur.

M. Constantin, voyant qu'il n'en
pouvait rien obtenir malgré ses me-
naces, retourna plein de rage vers
papa lui porter des plaintes de cette
désobéissance. M. de Marsan, qui ne

pouvait comprendre pourquoi son
domestique refusait de remplir des
fonctions comprises dans son emploi,
et dont il s'acquittait tous les jours
sans attendre de nouveaux ordres,
fit appeler Picard, qui lui raconta ce
qui s'était passé entre Constantin et
lui. Sa conduite fut approuvée de
M. de Marsan; et après avoir blâmé
celle de son fils, il lui dit qu'il n'avait
qu'à nettoyer ses bottes de ses propres mains, ou prendre le parti de
rester à l'hôtel. Il défendit en même
temps à tous les domestiques de
l'aider dans cette opération.

—Cela vous apprendra, Monsieur,
ajouta-t-il, combien il est cruel de
ravaler des services utiles à notre

bien-être, dont vous devriez adoucir
la rigueur par un ton honnête et des
égards généreux. Si cet état vous
paraît vil, vous l'ennoblirez en l'exer-
çant aujourd'hui pour vous-même.

Cette sentence convertit en un
chagrin amer toute la joie que Constantin venait d'éprouver. Il aurait
bien voulu monter à cheval; le
temps était devenu si serein! mais
décrotter lui-même ses bottes? il ne
pouvait s'y résoudre. D'un autre
côté, son orgueil ne lui permettait
pas de sortir avec des bottes crot-
tées, pour être un objet de ridicule à
tous les cavaliers qu'il trouverait sur
son chemin. Il s'adressa successive-
ment à tous les domestiques, dont il

voulut corrompre, à prix d'argent, la fidélité; mais aucun n'osait enfreindre les ordres de son maître. Ainsi Constantin fut obligé de rester à la maison, jusqu'à ce que sa fierté se fût enfin abaissée à remplir les conditions qu'on avait exigées. Picard reprit de lui-même le lendemain ses fonctions ordinaires; et Constantin, après les avoir exercées une fois, ne s'avisa plus de chercher à les avilir.

LES CAQUETS.

Si Aurélie était d'un naturel assez doux, elle n'avait pas moins contracté un défaut bien cruel : c'était de

rapporter publiquement tout ce
qu'elle croyait remarquer de mauvais
dans les autres. L'inexpérience de
son âge lui faisait souvent interpré-
ter d'une manière fâcheuse les ac
tions les plus innocentes. Un seu.
mot, une apparence légère, lui suffi-
saient pour former d'injustes soup-
çons; et à peine venaient-ils de s'é-
tablir dans son esprit, qu'elle courait
les répandre comme des faits avérés.
Elle y ajoutait même quelquefois les
circonstances que lui avait prêtées
son imagination, pour se rendre la
chose vraisemblable à elle-même.
Vous devez penser aisément combien de maux furent produits par ses
récits indiscrets. D'abord toutes les

familles de son quartier furent brouillées ensemble. La division se répandit dans chacune d'elles en particulier. Les maris et les femmes, les frères et les sœurs, les maîtres et les domestiques, étaient dans un état de guerre continuel. La confiance était soudain bannie des sociétés où la petite fille entrait avec sa mère. On n'osait plus se permettre devant elle le moindre épanchement. Les personnes d'un caractère faible tremblaient en sa présence, et n'en étaient pas plus disposées à l'aimer. Celles qui avaient plus de fermeté dans l'esprit lui adressaient des reproches terribles. On en vint bientôt à lui fermer toutes les maisons de la ville, comme à une malheureuse créature atteinte de la peste. Mais ni la haine ni les humiliations ne pouvaient la corriger d'un défaut dont l'habitude s'était déjà profondément enracinée dans son esprit.

Cette gloire était réservée à Dorothée, sa cousine, la seule qui voulût encore recevoir ses visites, ou répondre à ses invitations, dans l'espérance de la ramener d'un penchant qui l'entraînait au malheur de sa vie entière.

Aurélie était allée un jour la voir, et avait passé une heure ou deux à lui raconter des histoires malignes de toutes les jeunes demoiselles de sa connaissance, malgré le dégoût que Dorothée témoignait à l'écouter.

— Maintenant, ma petite cousine, lui dit-elle lorsqu'elle eut fini faute de respiration, fais-moi aussi des histoires à ton tour. Tu vois une compagnie assez ridicule pour être en fonds d'anecdotes plaisantes.

— Ma chère Aurélie, lui répondit Dorothée, lorsque je vois mes amies, je me livre tout entière au plaisir de leur société, sans perdre ma joie à remarquer leurs défauts. J'en reconnais d'ailleurs un si grand nombre en moi-même, que je n'ai guère le temps de m'embarrasser de ceux des étrangers. Comme j'ai besoin de leur indulgence, je leur accorde toute la mienne. J'aime mieux fixer mon at-

tention sur leurs bonnes qualités,
afin de tâcher de les acquérir. Il me
semble qu'il faut n'avoir rien à éclairer dans son propre cœur pour porter le flambeau dans celui des autres.
Je te félicite de cet état de perfection
dont je suis malheureusement bien
éloignée. Continue, ma chère cousine, ces nobles fonctions d'un cen-
seur charitable, qui veut rappeler le
genre humain à la vertu en lui mon-
trant la laideur du vice. Tu ne peux
manquer de recueillir une bienveil-
lance universelle pour des travaux
si généreux.

Aurélie, qui se voyait devenue
l'objet de la haine publique, sentit
aisément les railleries piquantes de

sa cousine. Elle commença, dans ce moment, à faire des réflexions sérieuses sur le danger de ses indiscrétions. Elle frémit d'horreur sur elle-même en retraçant devant ses yeux tous les maux qu'elle avait causés, et résolut d'en arrêter le cours. Elle parvint enfin à ne tourner la pénétration de son esprit observateur que vers les objets dignes de ses éloges; et les jouissances odieuses de la malignité furent remplacées par une satisfaction bien plus pure et bien plus flatteuse. Elle était la première à présenter toutes les actions équivoques sous un point de vue qui les fît excuser. Lorsqu'elle ne pouvait se les offrir à elle-même

avec des couleurs favorables : Peut-
être, se disait-elle, ne sais-je pas
toutes les circonstances de cette
aventure. On a eu sans doute des
motifs louables que j'ignore. Enfin,
si le cas n'était susceptible d'aucune
indulgence, elle plaignait le coupa-
ble, rejetait sa faute sur une trop
grande précipitation, ou sur l'igno-
rance du mal qu'il pouvait com-
mettre.

Cependant elle fut bien longtemps
encore à regagner les cœurs qu'elle
s'était aliénés. Elle était déjà parve-
nue à l'âge de s'établir, et personne
ne se présentait pour l'épouser.

Elle se croyait déjà abandonnée,
et réduite à passer sa vie dans une

triste solitude, privée des plaisirs
d'un heureux mariage et d'une société choisie d'amis, lorsqu'un étran-
ger fort riche, adressé à son père,
l'ayant entendue prendre le parti
d'un absent qu'on accusait, fut si
touché de la bonté d'un caractère
qui sympathisait avec le sien, qu'il
crut avoir trouvé la femme la plus
propre à faire son bonheur. Il demanda sa main à ses parents, et mit
à ses pieds la disposition de son cœur
et de sa fortune.

FIN.

TABLE.

—

—

Limoges. — Imp. E. ARDANT et Cie

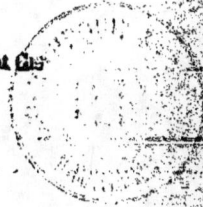

Original en couleur

NF Z 43-120-8

www.ingramcontent.com/pod-product-compliance
Lightning Source LLC
LaVergne TN
LVHW022118080426
835511LV00007B/897